CÒDOLS IN NEW YORK

Also by Antonio Beneyto

Una gaviota en La Mancha
La habitación
Los chicos salvajes
Algunos niños, empleos y desempleos de Alcebate
Textos para leer dentro de un espejo morado
Narraciones de lo real y fantástico
El subordinado
Cartas apócrifas (y otros cuentos)
Eneri, desdoblándose
Tiempo de Quimera
El otro viaje

ANTONIO BENEYTO

CÒDOLS IN NEW YORK

Translated by
Stacy McKenna
in collaboration with
Carlota Caulfield

An imprint of InteliBooks *Publishers*
Oakland, California.

ISBN 0-9711391-7-2 (softcover)

This book was printed in the United States of America
To order additional copies of this book, contact:

InteliBooks (Oakland, California)
www.InteliBooks.com
Orders@InteliBooks.com

CONTENTS

The Eyes of an Avant-Garde Artist.
An Introduction.

Some years ago, Beneyto showed me the black New York paintings he had done when he first visited that city in the eighties. I encouraged him to write a book of poetry. I don't know if it was his idea or my suggestion, but shortly after that he told me: I'm going to New York for three months. And he left. Beneyto was going to find himself in New York, said my wife, Carmen. In the meantime, he sent me his zealous/lively/spirited postcards, some of them apologizing to me "the poet with the blue hair" for not having found the book that I asked for by Abraham Abulafia, or *The Lovers* by Leslie Stevens. And I answered him on the back of a paper advertisement for Port Aventura, in Tarragona, and I drew him pictures of enormous ships, like those my grandfather traveled in. After a few months he came back bringing with him an original poetic that was originally titled *One Way: New York.* I read it and gave him my opinion. And he began to think of a publisher.

But the manuscript underwent a thousand revisions (Beneyto's thousand revisions) and other titles were published, one of them by a friend: *Ny, obert tota la nit, New York, Open all Night Long,* by Gabriel Planella, that was presented in the Maremagnum of Barcelona on April 17th, 1997, and *Cuaderno de Nueva York, Notebook from New York,* by José Hierro, that was published in Madrid by Poesía Hiperión in 1998 and in 2000 already had eleven editions —an unusual thing for a book of poetry. Beneyto told me, "You see? Mine was first and now it will look like I have copied them. Shit."

I read Planella and Hierro's books and in neither of them did I find anything that had what I saw in Beneyto's work. On the other hand they are poets of very different languages and expressions. That's why, Beneyto would not talk about the East River, or of the ash polyhedrons, nor would he sing in Yiddish, or evoke Ezra Pound. Beneyto didn't visit New York like a Spanish poet of the South or North, but as if he were a Hispanic-American: looking through the eyes of Macedonio Fernández, of Silvina Ocampo, of Borges, of Cortázar, of Alejandra (Pizarnik), of Severo Sarduy, of Américo Ferrari, some of who were his friends. Beneyto's eyes are the eyes of an avant-garde artist, those of a rebel, those of an heterodox, those of a minimalist. His eyes focus on the smallest thing, weak and maltreated —without forgetting his interest for what's artistic and astonishing, for the sensual and the unexpected. Halfway between Apollinaire and the underground, between Ducasse and Vaché, between Ory and Groucho Marx, the poet spreads his net towards the five senses and towards what cannot be seen. How can it be explained, if not, that passion for the non-verbal communication, gestures, smells, that inundate his world?

Còdols in New York is a diary-daily-poetic, nothing *Juanramonian*; on the other hand, the solitary poet will go in search of himself, as he changes with time, in that which suffers or transforms itself, that remains apart or is isolated, that tries to continue, in spite of the sorrows: the cellophane hooker, the old black women, the musicians of Harlem; and at times a critique of the civilized—in the utopian style— represented by gluttony and fat, loose neck ties, the rush and the rage. With a very personal language, as Alejandra Pizarnik once said, Beneyto refuses to look like anyone, to repeat anyone, to look with other people's eyes; he offers us this New York as necessary as it's useless, a solitary pedestrian – sometimes accompanied by a foreigner, an irreverent artist, a traveler from another time and from our times. Without rhetoric of any type, expressionist at times, the writer shows us a twisted reality. Not the New York of Liberty, but the New York of the deepest wells. From the unruly customs of our everyday rituals, passed through the eye of a somewhat misshapen needle. More than five senses, I say, and all their music. As if he would travel again from city to city barefoot, like another Jarry. The theme of the city, on the other hand, of any city, is not a novelty. The whole 20th century worshipped it, although in different ways: Macedonio's Buenos Aires, Joyce's Dublin, Pessoa's Lisbon, Kafka's Prague. And if we delve into the poetry of today, connected to "Barcelona," many of the current poets have their own urban myth: Turin, Barcelona, Lisbon, Zürich, London, or Havana, they have a marked presence of poets like Virallonga, Cilleruelo, Tugues, Häsler, or Caulfield. Some verses of this last poet, summarize this *Quincunce*, interrelation, multicultures, that defines the modern day poet, breaker of borders: "There are cities with skies like magic lanters: / Havana, Dublin, Barcelona, Palma de Mallorca, Zürich, Las Cruces, / New Orleans and Prague perforate pupils and are inhabited / by sinister demons that pursue the solitary." And that could be Beneyto's reason. But, why New York? Beneyto could have written half the book in Barcelona, in whose Barrio Gótico (Gothic Quarter), where he lives —the title *Còdols* is significant— surely one could find the same hookers, executives in ties, and beggars existing side by side. But it was different back then. Surely, fat is also different in New York. Fat and the melancholy of black women, the monotony of Jazz, and the irony of Woody Allen. I read with gusto this *Còdols in New York*. I know that "còdols" in Catalan are rocks smoothed by the river, rolling stones, as Marius Schneider remembered. Beneyto hurls criticism and hauls in beauty. The stones sing through Beneyto's mouth. In the city there's a part that's happy, proud, and another part that's sad. We now know today that there's more there than water. But poets, smug people, and the insane sing us their mystery.

Jaime D. Parra

Còdols: fragments de roca dura, més aviat petits, allisats i arrodonits per l'acció de les aigües i el rodolament.*

Cantos rodados: fragmentos de roca dura, más bien pequeños, alisados y redondos por la acción de las aguas y el rodar.

Rolling stones: fragments of hard rocks, usually small, smoothed and rounded by the action of flowing water and their rolling.

* Pompeu Fabra: *Diccionari General de la Llengua Catalana*. Barcelona, 1982.

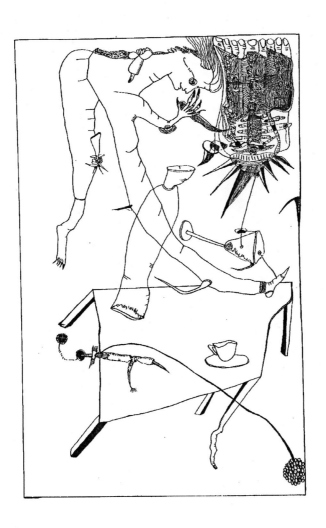

EDWARD HOPPER AND THE AMERICA OF THE IMAGINATION

The black man is sprawled out, swollen, his entire body pressed into a bench on Park Row, while executives in shirt sleeves and loose ties twisted to one side go through the park without seeing or looking at anyone, anything, with bags of food as insipid and ordinary as they are.

Julia.- Private, elegant,
chic surroundings for executives.
W. Village/Wall St. access.
(212) 645 4995

They're always anxious, having only a few minutes to solicit a girl by phone to relax them in a corner of their office in exchange for a few dollars.

And the lanky black man holds onto the wrought-iron bars of Saint Paul's Chapel, with the torment of his life on his disfigured face, his lower lip falling like a ladle to the beginning of his chin, or maybe extended to his dirty feet, drooling, at the same time that he holds out a plastic cup like a robot soliciting a few coins that no one, no one drops.

Once again, more executives in shirt sleeves and loose and crooked ties, from one side of Broadway to the other, fleeing from the lanky black man like condemned men along Fulton Street, the path of the World Trade Center, and in the second tower the black man spins his fragile mind to figure out what Joan Miró was trying to say in the *Gran Tapiz*[1] that they hung on the wall of the entrance like a lure, and to state that the Mediterranean culture entered there, peacefully, under the sign of the American Blues.

I remember, without remembering, the hooker, also black, who I saw every day from my window making her usual trip from 11th Street to 12th Street to the East Village movie theater's door, her gaze always fixed on the drivers who pass by. And waiting, waiting for someone to give her a sign, and then going with him. But, maybe bored, she disappears, partly hiding herself between the cars parked on 12th Street, close to the restaurant frequented by Jews, and continues to lie in wait for a contact, or waits to take a piss, shamelessly, in the middle of the street.

In Harlem, on 138 Street, going to the community under a suffocating midday sun, I bump into the elegant and elderly black woman; hair now gray, flaming red suit, hat also red, with an authentic and assorted garden of delightful feathers, but this doesn't concern me nor does it take away the muggy heat, and I continue my walk towards the community where I will be and live with elegant black men/women, I will also listen to spiritual songs and along with them hear the voice of Eunice Newkirk that will give me goose bumps, transport me, and make me forget for a brief instant that I'm in Harlem. Another time when I was at Phebe's door in Bowery, the blind black man sold me marijuana, already rolled into joints, for a dollar, while at the New York Palace door on 51st Street, next to Madison Avenue, the chauffer, also black, fat, a big oaf, not only drove the limousine that took me to see The Frick Collection, but also set me up with a beautiful black woman who made me jump on the back seat.

But now, the big oaf smiles and talks to the doorman of the hotel, who is wearing a top hat and coat, and you can see worn white gloves hanging from his pants' pocket, while the warm leaden heat makes the whole area feel like a desert in the heart of Manhattan, a desert at lunch hour and on Saturday. And the olive skinned concierge who I find at the entrance of Rockefeller Center is kind enough to show me that in the GE Building I might contemplate the murals of the Catalan artist José María Sert.

However, once again it is no longer Saturday nor am I on 5th Avenue, it's Sunday and I'm in Harlem, the black community where Musical Extravaganza began the festival/concert with its bright, colorful, and elegant presenters. But I've wanted this before, without getting it, having my picture taken with a beautiful, the most beautiful black girl who hovered at the door, not daring to enter with her children, just as beautiful as she was. Meanwhile inside, in the community, the voice of Eunice Newkirk can still be heard.

And maybe for all these and a thousand more tangled mix-ups the narrator believes that New Yorkers keep thinking of Edward Hopper and the America of the Imagination.

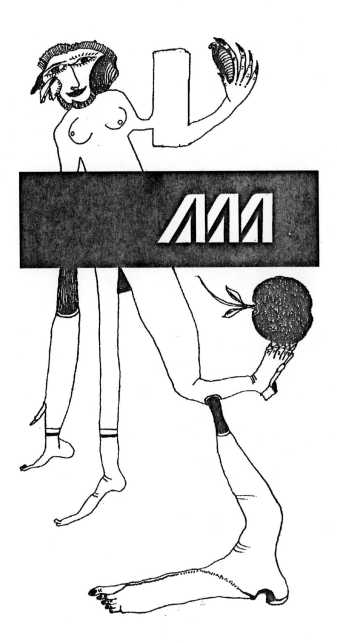

TRAVELING IN WASHINGTON PARK

In Washington Park's round and empty pond, half-naked youths sunbathe while they read and watch from the sidelines the filming of an interview with a stuffed shirt politician and a beautiful woman who lets her garters show every time she bends over to fix her high-heeled shoe. Then the woman runs while the camera follows her and unknown hands search her upturned and pronounced bubble butt that is ready for anything.

The chess tables are invaded by black men's quick agile hands that scandalously get the king into checkmate, get the white man into checkmate.

Under the umbrella of the Poland Spring's cart, the black woman in the cap defies the Coca-Cola vendor with her beauty, and she arrogantly walks away with her unrivaled body. What enchanting music I hear, while *watching* how she moves her body, with the cold bottle of Coca-Cola in her hands and the straw held between her dangerous and exciting lips. What enchanting music I hear, *seeing* her walk around the pond, while the half-naked people are struck blind by her beauty as they notice her coming around again.

And Garibaldi is present on the pedestal. Erected in bronze, painted green, he looks for the umpteenth time at everything that happens around the empty pond, while he waits for a virgin to pass in front of him so he can draw his sword once and for all. And to the back or to the side, monotonous music plays in a giant tape player next to a group of blacks who pass a joint, hand to hand, mouth to mouth.

The girl in the little glasses with lilac colored lenses moves away with a smile, and the squirrels that used to walk free in the plaza, blending in with the trees, are now in hiding, camouflaging themselves among the branches, inside the branches, toying perhaps with memory.

Time wears things down. Nevertheless, the young New Yorkers' tattoos will remain there, on their skin, while their skin is alive, while they stay alive, and the memory will be engraved in the cloud that is just at the point of passing over Washington Park.

And it was just like that until the camera was dismantled, which the doves/rats took advantage of the shadow of the trees waiting for the squirrels to appear and begin sketching on the screenwriter's memory.

NO SMOKING WITH WOODY ALLEN

It's Monday, the day before the commemoration of America's Independence Day. Michael's Pub, on 55th Street, will certainly be full of a public predisposed to swallowing the food that the waitresses *throw* on the table. Tables almost touching; with barely enough space for the chairs; tables piled up, that will hinder the audience from moving their butts comfortably, they will look restrained, restricted in their movements while they wait impatiently for *New Orleans Funeral* and *Ragtime Orchestra,* with Woody Allen on the clarinet, to get on stage.

Michael's Pub, in Manhattan, is a shameless dictatorship. Once you enter, you see the henchman-like bouncer in front of the entrance barking commands,

"Don't move from here," he authoritatively orders you, "until I tell you." And the timid ones or those accustomed to obeying stop like complete robots, like imbeciles. Neither she nor I stopped and we hurried down the hallway even when at our backs we felt the shouting of the main bouncer. As if we were a pack of rats fleeing the sewer, the shouting continued without a break like a ship's wake, like an echo *that resounds* at the end of the hallway, where now the other lesser bouncer is waiting to show us the way to the reserved table, all with obvious fake friendliness. And truly what a huge farce this apparent kindness is!

And now at the table.

The premises are filling little by little with a crowd addicted to Jazz or Woody Allen, who knows.

The tables are covered with small pieces of paper of all colors, mostly red, instead of tablecloths. The scraps of paper are printed with reactionary and dictatorial slogans. Fanatic sentences prohibiting: *No Smoking with Woody Allen.*

No recording or photography. No talking or eating until you're told to. No looking at your companion and most of all no caressing each other under the table…

A long and exhausting list of rules went on and on until it left the crowd who filled the premises overwhelmed. A crowd that at first glance you can already see is not very partial to listening to music and barely has an appetite to eat what the smiling waitresses are going to leave on the tables: *Prime filet Mignon W/ Mushroon Cap. Caramelized Onions and potatoes.* And they don't have the slightest desire to take a swig of Samuel Adams Lager either and it is and it was like *Take the Money and Run.* Take the money and run or take the food and run. What confusing fog so thick, dense, running or coming in such a confined space. If at least we'd been eating figs and groping each other we'd reach climax and moan like mourners, an event in Manhattan that is a habit and this habit Woody Allen knows well. That's why he's a fan of Charlie Parker and Groucho Marx, without forgetting Louis Armstrong, that's like saying something like this; he loves, he tangles, he strings together (or that is making strings of garlic) with the Bebop type of polyrhythmic pattern that was introduced in the jam-sessions in the middle of the Great War.

The crowd still hadn't finished throwing the last bite into their stomachs, when the *New Orleans Funeral and Ragtime Orchestra* began to get on stage and between them you could also find Allen Stewart Konigsberg with his toys (clarinets), actually better known as Woody Allen, who grew up making paper dolls and dressing the Deanna Durbin cut outs and getting himself drunk on Jazz at an early age, when he heard a radio program dedicated to the clarinet and sax player Sidney Bichet. Also at this time in his life, Allen Stewart Konigsberg always walked around surrounded by women, by skirts. His mother and not less than six aunts were constantly after him. But he took advantage of those skirts to make magic games behind them. And those games always ended in a furious applause. And then, between trick after trick, appeared the wickedness of a spoiled child, and he asked his aunts, "Does God exist?" and almost a choir of them responded, "Son, don't ask that question!"

While Woody Allen eats an apple or goes to take a piss in the bathroom, he reflects on this world remembering that his neighbor had died just a few hours before without coming to discover the true meaning of life, and this wouldn't occur to him because every Monday he used to go to Michael's Pub to make music. Even though he is always scatterbrained, ridiculous and without guns (he thinks pistols are only for nazis), he goes up and up to the stage Monday after Monday cautiously, as if this act were a ritual (and in truth the ritual is going to play the clarinet at Michael's Pub). And always in silence, head bowed almost on tiptoe and nothing reflexive. And now he's comfortable in his chair, removing his jacket with the utmost discretion while he forgets that the crowd follows his every movement, every gesture that he makes. This makes it fun for him and he remembers how that anthropology student moved her tongue inside his mouth when he kissed her under the shower. What a delight! And now there, close, right next to his orchestra, making commentaries under his breath in a soft voice, and without looking at anyone, he looks at the point of his shoe.

And Woody Allen, shy on the stage, is protected by his musical colleagues. Always with his legs crossed. One over the other. Supporting himself. Following the rhythm. Tapping the stage with the tip of his shoe. On the same side, elbow to elbow with his colleague/friend Eddy Davis, who has a banjo in his hands treating it as if it were his lover. Eddy Davis has so much love for his instrument. He caresses it from up and down by the long handle; his fingers' fingertips move with such gentleness over the taut membrane, thinking that the precise note will be born, that it will emerge, just the one he's looking for. What proliferation together with Woody Allen's clarinet and the other instruments in the band that after one theme they have been adding another, forgetting the previous one, erasing it, scratching it so that the public is irritated and enthusiastic with them, and about the music itself, and just like that, without even realizing it, they forget the rules of Michael's Pub. And they also forget the fear itself that the bouncers terrorized them with. Fear disappears and they begin to talk normally. Taking out tobacco and smoking. And recording, recording the music that they're *making*. And they record on their tiny little machines and they caress each other freely under the tables and they kiss with genuine shamelessness. Passionately. Hey! And they yell and jump as much as they can. And they applaud the polyrhythm that the band handles adeptly, or the solos that are playing off the melody, rhythm, and tune. The musicians heat up with the environment and the public becomes so uninhibited from the absurd and ridiculous rules and the bouncer's iron hand, that she, my friend, takes advantage of the disorder to take one photo after another amongst the great hoopla. What addiction, what pleasure she feels in her muscles each time she gets up from her seat to photograph the band, Woody Allen. And Woody Allen looks enormously excited feeling that his band's ensemble reaches a great moment of harmony and what excites him even more is discovering her camera, my friend's, she's photographing him, photographing them. What sweetness! What vulgarity! What an orgasm! Nevertheless, the bouncer who had just stuck his big head in the place, perhaps attracted by the band's moment of harmony, has a different agenda now that he realizes that a camera rises and lowers from the back, at the other side. He begins to leap from table to table, from chair to chair, until he stands in front of her, my friend, and with a tough and aggressive gesture he attempts to snatch the camera from her.

And it was then (What a scandal the bouncer made! What a punch I would have thrown at him!) yes, it's here when I was about to start a western saloon bar fight in the American style, of hamburgers with plastic tomato, a Spaghetti Western. What passed through my mind was giving the table a kick and dragging the insolent bouncer behind it. But this cinemagraphic scene only passed through my mind, and now when I write, I deeply regret not having done it. Perhaps the following day it would have appeared in the pages of the *New York Times*.

However, the public ignored the incident and the rhythm of the band continued. And the public applauds, between caressing each other, and smiling, while some of the musicians begin to say goodbye. Only Eddy Davis, with his banjo in between his arms, and Woody Allen, with his clarinet above his knees, remain on stage. They have to close the show, only the two of them, up there. And the duo begins to play its first theme, which makes the bouncer calm down, and he decides to go to the door of the club to protect Woody Allen's limousine, while the clarinet is received by a public now completely uninhibited and devoted to the business of music, of the jam session's musician: Woody Allen.

And listening to the beginning of the last theme that the duo interprets, memory stirs in the narrator of *No Smoking with Woody Allen* and he remembers a *friend* of an earlier period, a popular journalist, specializing in analyzing the national politics of his country in the capital's press, in radio circles, in televised debates, and in the summer university forums. A great fast talker and john. His *friend*, the journalist, used to show off and frequently repeat among his friends, "All the whores like how I ride." And the fact is memory always plays not to fail: the last theme that Eddy Davis and Woody Allen are interpreting is *All the Whores Like the Way I Ride.*

Oh, there are always coincidences
in this shitty life.

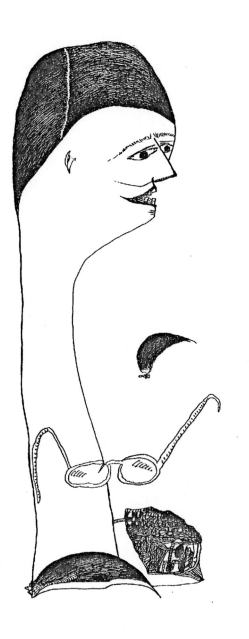

RAIN OVER MANHATTAN

It has stopped raining and people go out in the street again, except her, my friend, who remained seated on the park bench as she talked and talked on the telephone getting soaked to the bone, the way she likes it, while the little Polish girl laughs/ cries at the mime's antics. He shows a bare leg (as if he were a cabaret star) and a Spanish shoe, size nine and a half, and then the other, and the cup of coffee that makes him remember when he asked the waitress at Le Figaro Café for a salad. And the little Polish girl hoped for more imagination from the mime, but he always got lost searching the comings/goings from Carpo's Café to Café Borgia, passing by Mc Dougal's

Café to finally stay where he was now, Le Figaro Café, and from there not letting his gaze fall from the comings and goings of the beautiful young girls of all races who moved from one side to the other feeling the coolness and dampness of the rain that had recently fallen in Greenwich Village, in all of Manhattan, and then he was undecided about what to do, if he should gather everything up and go inside or go dancing through Macdougal Street to Washington Square and there roll around in the grass and watch the squirrels go up/down the trees waiting for night to arrive and enfold him sweetly, like an ordinary spider, like a tick.

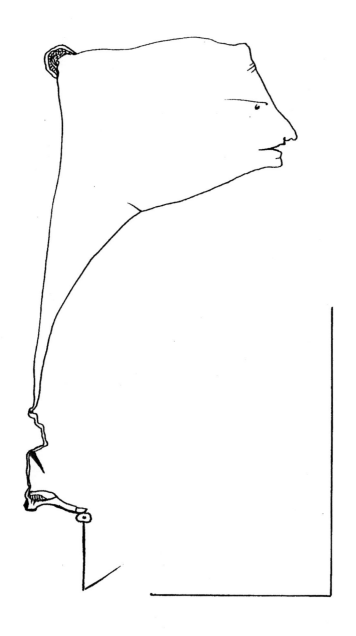

THE CORNER HOOKER

The hooker is already at the corner, with the cigarette between her lips, warming herself up with the sun at eight in the morning. Her red/orange/blue miniskirt breaks up the urban landscape like the rooster's morning song. Her gold bolero makes her hot and she takes it off to expose her torso to the sun and call the attention of a possible companion for a while. She doesn't budge from the corner. She is constantly circling a reduced space of land. Her territory. If another hooker were to appear now, she would pass by without stopping, because the corner hooker is very possessive of her area. She is violent beyond belief when some colleague invades her space. Right away the blood drains from her face to her heel bone, driving her crazy.

She carries the gold jacket hanging from her shoulder, like a real bullfighter. Waiting. She's always waiting. She doesn't search like the others. She looks at New York's clear sky. She feels how the sun begins to heat up. *It'll be hot.* She goes to the pedestrian crosswalk, her *Plaza de Toros,* her bullring, to see if some driver will pick her up and take her to the Hudson River. Coyly she beckons to the cars with her gold bolero. Behind one, making a pass with the jacket in her right hand to another. Every thing a show. Turning, then finishing it off with her chest out, nipples up. She stops suddenly. She cools herself down; she lets them cool themselves down. She raises her arm. Very high. The gold bolero folded in her left arm. She stays in the center of the *Plaza de Toros,* in the pedestrian crosswalk, and with her arm high she looks brazenly at the driver of a black Ford who has stopped at her side.

They exchange quick and fleeting glances that don't say anything. The looks hang there like they're frozen. The driver turns away from her look; starts the car and disappears down the avenue.

Now a taxi stops in front of the corner hooker and she uses the occasion to jump into the taxi and go to another territory of Manhattan.

Without her, the corner remains colorless, silent, empty, solitary like a water lily.

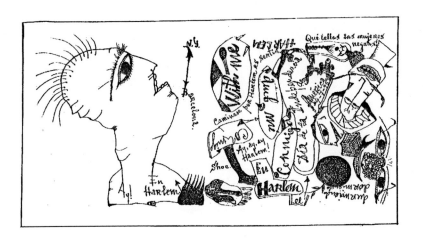

HARLEM ONCE AGAIN

Singleton's, decorated with mirrors thickly painted in red arabesques (red dominates the whole place), is half-empty or almost bare of public. I am eating with her, my friend, *collard greens white rice.* I want white rice and she tells me that I am violating or perhaps desecrating Harlem. She sits across the table from me, smiling at her own wit. I begin to pass the time: I run the fountain pen all over the white paper napkin, she follows me or better yet pursues me with her enormous eyes like a possessed woman. The food is late, and my friend shifts in her seat and my automatism also shifts and keeps working on the virginal paper napkin. And without being conscious of it, faces I've pulled from the neighborhood start to appear on the napkin: the incense vendor, the T-shirt vendor. I bought one from her and surprisingly, she didn't charge me. The girl at the public telephone returns one more time to interrupt the black woman's beauty at the same time that her yelling made me feel orgasmic in the middle of the street, and consequently, embarrassing my friend. And with the figures, the faces that I'm drawing, words appear and mix, randomly, incredible heterodoxes of their own writing. Now when I transcribe them, they won't mean the same thing as when I drew them on the paper napkin. I have here: *Amb mi*, with me, shoe, ay, ay, ay Harlem! *With me!* What beautiful black women! With me, walking through Harlem is feeling...*Kochanie*, their sweets (Whew! What words!), breasts, sleeping or sleeping or eating with her, my friend, *nie ma*, now there is nothing. When we still haven't started eating... And why do I talk this way, precisely on the day that commemorates America's Independence, the 4ᵗʰ of July 1995...And with the coarsely aggressive drawing (malignant faces) next to a plate empty of vegetables. Nevertheless, she's still paying attention to her *hígado de pollo* (chicken livers). Bah, why do I repeat, why do I translate, what vulgarity!

The black waiter, of mixed race, carries venom in his skin, like my friend carries it. He exchanges my empty plate for one with baked "Va" *ham*, Virginia ham, and then I remember the ham from the Canary Islands from Mercé Street in Barcelona, that doesn't have anything to do, obviously, with the *serrano* ham that they prepare or cure in La Roda de la Mancha. "First, remove the rancid meat from the bone and clean it in cold or hot water until it's desalted. Wrap it in a cloth and boil it with a cocer of wine and water (a liter of water and a liter of wine, approximately), a carrot, four spice cloves, six bay leaves, and let it cool in its own juices."

And it's the rancid taste of the *serrano* ham of La Roda de La Mancha that triggers my olfactory memory while I'm in a tiny corner of Harlem. It's like hearing the Duke Ellington Band again in the mythic Apollo Theater, recently restored in 1992, then the page where you write, that's blank, little by little with the game of words, from the same fountain pen's black ink, it's blackening, it's looking more and more like her, my friend, like all of Harlem, or to the sexy female companion of the drummer of the band *Mo'Better* of Amsterdam Avenue with her shaved head.

Now with the memory of the delicacies behind me, I'm feeling Bonita's atmosphere, always black, feeling the penetrating perfume of jasmine incense that smells differently in uptown, in Harlem, like the silence and the peacefulness (also different), transmited by the celebrated painting by Edward Hopper, *Nighthawks*, that in my New Yorker days was exhibited in the Whitney Museum of American Art, just like now, while I write I also see exposed over a pile of art books the thumb splint on the left hand of my lover who once in a while visits me only to explain to me why Guillermo Cabrera Infante[2] parodies and plays with language in the same way as Severo Sarduy.[3] She takes advantage of this time to travel to New York and listen to Blues at Dan Lynch on Second Avenue. Yes, there in the old tavern where in another rotten time of my life, now completely forgotten, I remember how the black/waiter, at the same time that he charged her —my other friend— for a beer, would clean her ear with a big lick in the semi-darkness of the place and the always pleasant, but sticky, thick heat that one breathed there, which she can still breathe now.

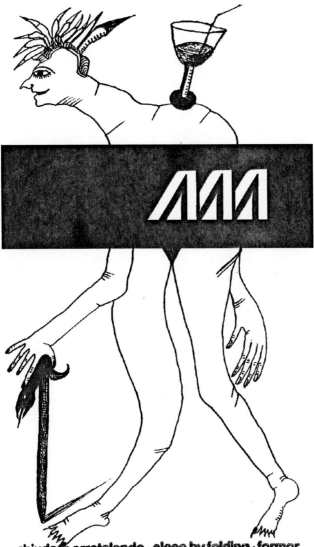

chiudere arrotolando · close by folding · fermer en pliant · durch zusammenrollen schliessen · cierrese enrollando · fechar enrolando

MULTIPLE POSTCARDS FROM NEW YORK

1

Wishing you were here with me, and we could go together to listen to music at Terra Blues on Bleecker Street and hear the voice of Moe Holmes, the black singer and opening act at one time for Jimi Hendrix and Bob Dylan. All an authentic show.

2

Without worrying about anything I drag myself through my New York neighborhood, *East Village*, to attend the premier of *Mad Love* among bright and colorful transvestites and elegant/correct homosexuals. And all of this from my window. Yes, a whole world.

3

From Le Figaro Café in Greenwich Village I will remember one again when I saw Keith Haring paint a public mural in a plaza in the Barrio Chino, the red light district in Barcelona. Haring died a little while after that, but, nevertheless, the mural still remains there, between us, and in this postcard that I bought in an old Manhattan Store.

4

I don't know when the American dream was restored, the Statue of Liberty. And from here, from where this famous symbol rises, is where I walk now like a vagabond from one place to another wearing my Iberian leather sandals, I use this time to frequent churches, where I hear fantastic and reactionary songs, and luxurious brothels, where I always make it with two women at the same time.

5

This postcard I am sending you is the fragmented image of this amazing

and singular city (How banal to keep saying the same things!) that you'll have to
discover for yourself when you visit it.
That's what I'm trying to do: discover it.
And to tell you the truth, to me it's very
gratifying and beautiful.

6

And meanwhile, in the subways,
crossing its streets, I feel the city's harsh
smells, smells that are an affront to everybody.

7

Perhaps that's why, some day before Christmas, I will go up to the top of
the Twin Towers and watch the sun going down over Manhattan and then I will
remember that I have to buy a pair of
Levi's 501 W32, L32 and taste a ham-
burger.

8

You see, here, so far from Valencia,
where you dream, I devote myself to discovering similar smells to those I know
you also perceive there (baked potatoes,

with garlic, red pepper, herbs...). And later, to walk off the food, I will have to walk through the streets, the avenues, and then I will return to find other odors that perhaps I also might have smelled in Valencia, where you still, even now, keep dreaming about your things, sitting quietly in the living room.

9

Always tangled between the looms that make up this city, I will not stop pursuing the different smells or, even better, I will not stop for a minute in my insistent race and I will ferret them out, I will look to see whether in some corner I might find your scent, the one that I perceived one day at the beginning of your willowy neck...Look, in order to dream late into the night I listen to Blues, while I write these clumsy lines. What drunkenness!

10

Yes, what drunkenness. And getting myself drunk I am in the skyscrapers' mirrors. Meanwhile, my gaze, my legs fly from one side to the other, drinking shamelessly, like a real hooker, in the atmosphere that surrounds me here (I write from the Caffè Reggio), because here in Greenwich Village, anything can happen. Like in Barcelona, Paris, Krakow...However, in this stage of my life I live more peacefully and in silence, as I exchange confident looks with transient vagabonds and beautiful black women.

11

But it's not just jumping, dancing, yelling, and eating with gusto, with happiness, walking the streets and taking everything in, it's also seeing a negritude that laughs and at the same time suffers and suffers. And these feelings aren't obstacles, for the narrator's gaze finds itself with an amazing woman who, with her erect nipples, arouses a cloud that happens to be balancing sweetly over the roofs just then. How much happiness runs through the corners and bends of these narrow alleys.

12

There in the *Eixample* of Barcelona, the blue-haired baby-faced poet
who was once in charge of lavishing and
promoting the *Rotten Poems* of the Co-
lombian poet/painter Mario Lafont, now
waits for another package, anxious and
impatient.

And from Books and Co. on Madison Avenue, passing by Brentano's on
Fifth Avenue, to the incredible second
hand bookstore Strand on Broadway, I
search and search in vain for *The Lovers* by Leslie Stevens. I looked for
Abulafia,[4] but this really could not keep
me from continuing to devour the city and
the statue, bite by bite, without garlic and
without parsley.

13

Time, days fly by and I also fly
through Central Park, to better study the
whole block of shimmering skyscrapers
that encircle it, that encircle me, like a
savage spider web that has been pro-

voking me since my arrival on this fierce and paradoxically magical island.

14

Andy Warhol used to get undressed, fake his own death and defecate in the subway station. And all of this happened right here, in the neighborhood where I live in these intense days, while my memory takes me back to a previous Monday in the month of June 1962, when the *New York Mirror* announced the death of 129 people in an airplane accident on its first page, and all of this must have left Andy Warhol cold because back then the only thing that fascinated him was the game of faking his own death.

Now, but barely realizing it, I notice that the dazzling twinkle of the windows of the house across the street cast light over my bed and the shadow of Andy Warhol who blatantly watches me from the terrace.

15

And it's because under the sun and New York's good weather there will always be a whale strolling through Madison Avenue or Coney Island.

Also the shadow of Andy Warhol will always be seen strolling through the terrace of the East Village, while Billie Holiday's voice can be heard in the background of the bright city landscape, rising from an old gramophone.

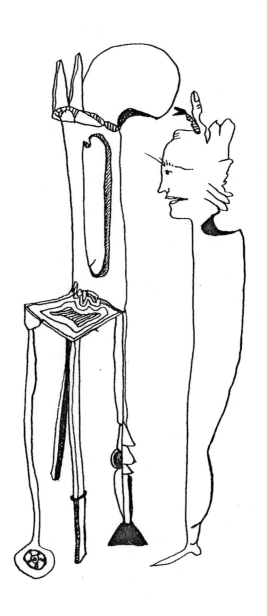

PICNIC

*F*rom the base, looking up, like a crazy vagabond or perhaps like an imbecile who is slowed down by the sticky heat which makes him think of 5th Avenue, on the 224, where you can read the sign that says, "Wholesale we only speak Spanish here," or near there, behind the Empire State, on Sixth Avenue, in the modest restaurant Pizzas and Pasta, two elderly black women serve themselves. And at the table (every thing is nailed into the ground, even the chairs), they peacefully eat their food on plastic trays. And they clean themselves with white paper napkins, while speaking only with looks until the moment that the fat woman (with profoundly myopic glasses) asks for permission to sit in the empty chair. She carries a big pizza with tons of cheese, nibbling it, the cheese stretches like gum or like putting on a condom, adjusting it on the erect penis, and then the fat woman begins her personal party (swallowing), while the elderly black women now talk almost between their teeth, whispering their words. And people enter and leave the restaurant with paper bags full of food. Young secretaries move their tight skirts over their butts. Them, the executives, like always, in shirt sleeves and with loose and crooked ties, thinking without thinking of work. And this crowd of people stands out because of their immense low-grade meat, cheap meat that hangs from chubby cheeks, upper arms, from hips, and these hips only exist in their imagination. Fat also hangs from their butts and makes it difficult to sit right then, to fit into the chairs. How these ugly greasy men/women from Sixth Avenue, from the Bowery, from Hamlet, from whatever corner of Manhattan walk through New York! How they walk!

Everybody goes around eating or drinking through the streets. Picnics are just not fiction, they are, in New York, without a doubt and most of all a big party, a genuine reality.

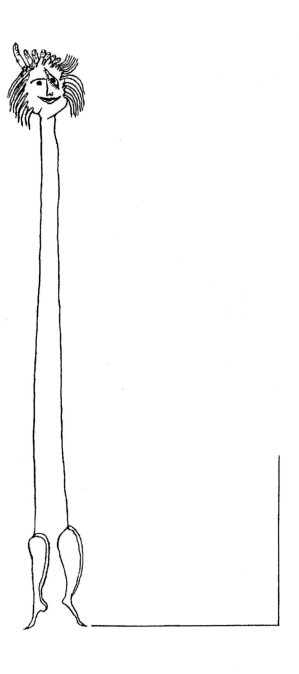

THE MOMA

It's raining and a black man is selling umbrellas at the door of the museum. The shy Japanese woman who sits next to me in the vestibule doesn't know the meaning of the word rain. I have to draw a picture for her so that afterwards she smiles bashfully and says, "Ah, yes, it's raining!"

Two Hispanic employees unroll and open up huge rugs to protect and concentrate the water that drips from the umbrellas and from the shoes/sandals soaked by rainwater that the fat men/women clumsily drag through the vestibule, poorly dressed American tourists. And the rugs perform the wonder of absorbing the rain water and this cleverness (What an exhibit to admire as a preview to my visit to the museum!) prevents a frogless pond from being born in the middle of the vestibule, where each instant that passes more and more of the public meet and gather, giving the impression of human blocks/sculptures in which the predominant visual objective are the tits that hang like rags to their own navel. And this really prevents everybody from getting close to the only three works that are exhibited in the vestibule; they remain blurred, hidden between the tits and asses; the painting of Lichtenstein, 1974, Rosenquist, 1989, and Milton Avery, 1958. However, I myself, could contemplate them because thanks to my wandering around New York, I became an ant crawling up the wall, to the ceiling, and from there I saw many things that were out of proportion: things like the twisted informative pamphlet that helps the MoMa welcome its visitors and lets them know that in the fall of 1929, only ten days after the collapse of the New York stock exchange, the MoMa opened its first exhibition with

works from four Post-impressionist paint-
ers, who were barely known in the United
States: Cézanne, Gauguin, Seurat, and
Van Gogh. And I also saw, but upside
down, the *collage*, pencil, ink, watercolor
of Max Ernst with the title *The Hat Makes
the Man.* The hats, instead of hats,
seemed to be urinals or tubes where the
rain or the stinking excrements slide
down. And balancing himself, a Jew,
dressed from head to toe in black, pro-
tects himself from the rain with a hat covered, for the time being, with a plastic
bag that says *Obsession* by Calvin Klein,
and you can see the twisted and folded
nakedness of a beautiful woman, and he,
the Jew, doesn't realize it, perhaps because his long curls keep him from seeing it, or because he is thinking of Woody
Allen playing the clarinet, or that it
pleases him that not far from where he
walks, in St. Patrick's Cathedral, crowds
of tourists move in silence shaking their
massive asses among the smell of wax
and the snores of some other American
who fell asleep while he prayed, or

thought of God, or while he pissed in the restroom of the Motel. In the last row of benches, there's a small mountain of little envelopes (My Gift To St. Patrick's Cathedral), a young man wearing surprisingly funny glasses and a body that took up almost all of the bench (he must weigh around 330 pounds) sleeps; his snoring makes a whistling sound. Someone touches him softly and the whistling stops. Further towards the front, in another row, a black man also sleeps on his fat belly, and now in the first few rows, sensing the Holy Spirit, a big man, with his head resting against the back of the bench, calmly sleeps with his mouth open making the tourists laugh as they pass by him. And one of them, one of the tourists, makes a gesture, only the gesture, of hanging a lighted candle in the man's open mouth, perhaps so that the saint, St. Patrick, remembers him and helps him be smaller and not such a careless big oaf. How could he fall asleep in the Cathedral! Where he should have been sleeping was at Trump Tower, on Fifth

Avenue, on the 725, for those obsessed with sleeping in places where it's not polite to sleep or sleeping peacefully as he stares at the sculptures of Karl Schwartz in the Tiffany and Co. shop windows, where the sobriety and the exquisiteness makes people think of another time, of Calder's miniature, and magically assembled circus. If Ramón[5] were still living and were here, on Fifth Avenue, he would have climbed up on the circus trapeze again and repeated his celebrated lecture, while pissing over the half-opened mouth of the fat white American who now sleeps and sleeps in the Cathedral and truly doesn't know if he agreed to such a situation because the narrator imagines it or because he drank a cup of poppy tea to combat his insomnia. An amazing performance: the MoMa.

THE HOUSE ACROSS THE STREET

From the house where I live on Second Avenue, on the top floor, I can see the house across the street from my bedroom window. The house has five floors, the ground floor and the flat terrace roof. The building is on the corner of 11th Street; on the ground floor is a busy Japanese restaurant. Across the street a lush garden rises, surrounded by an iron railing, in the middle of which is St. Mark's Church, built in 1795 and consecrated for worship in the month of May, 1799. Every time I went there it was always closed. However, the garden was taken over by the hookers' pimps who prowled around the area. Word had gotten out that some hookers were conducting business in the very grounds of St. Mark's Church. The church wasn't Polish, as she, my friend, had told me at first, but in its tower it had a magnificent loud public clock that let me know the time, because at night my wristwatch, or rather my tower watch, was the bright watch of Con Edison, New York's electric company. This tower, or skyscraper, is situated on the other side of the house across the street, that is, towards the North of Manhattan, where the Cinema on Second Avenue is. The Cinema was once a Jewish synagogue, and maybe that's why they have opened a Jewish restaurant on the corner of 12th Street, The Kosher Tea Room, essentially frequented by Jews. So *my* house across the street, has been subjected over time to two powerful signs of this terrestrial universe, on one side Catholic and on the other side, Jewish. That's probably why I used to sit for hours and think about it. Day and night. When I couldn't sleep I sat in front of the large window and there I saw people constantly entering Taylo's bakery, or buying the newspaper at the store next to it, or getting their hair done at the unisex hair salon. At night I would also see young people drinking and talking loudly on the little terrace of Orsons Bar/ Café. At times I shifted my gaze to the right, that is, to the North, and I found myself on the corner of 12th Street and the Jewish restaurant: and here and now my gaze stops, remembering a sleepless night in which I was watching a man who had a compact head (his head was a mill wheel or a pumpkin without wrinkles, where the caterpillars would later change to butterflies and invade the area because of the smell of the fruit pulp), and he was also bald, but it wasn't clear where his bald head ended, so the skull extended in a single piece to the neck and from there to the shoulders. His head made people think, and it reminded me of a sea lion, that night, my sleepless night, he, the bald-headed man, talked or argued with a young blonde woman, slim, long like a reed. And they leaned on the corner for hours, planning what?

Discussing what? The way or the moment he would drill through her vagina with his penis, or quietly slipping (there was still a late-night partier) one of his fingers softly in her well-shaped vulva to taste the honey of daybreak. In that sleepless night there was a moment when I started to fall asleep, and all I could do was go to bed, feeling the desire for flesh in my body. The reflections of the house across the street were invading me, even when its inhabitants slept. Did they really sleep? All I could do was fall asleep on my bed. But, the following day when I woke up, the house across the street was lit up by the sun. I remembered my last dream peacefully. And I remembered that I was on the corner of a street of an unknown city, with a beautiful woman, making (without making) love, while the pedestrians passed by, paying us no attention. I also remembered that in that culminating moment I pulled out and ejaculated alone. Later I curled up next to her, and then, embraced just like that, I thought that one day I would die from a heart attack, elegantly dressed in a white Donna Karan shirt.

The executive (the executives in Manhattan grow like fungus) the day before I had gone to see the musical *Kiss of the Spider Woman* at Broadhurst Theater, based on the novel by the Argentinean writer, Manuel Puig. And now he's sunbathing in Bryant Park with his big briefcase leaning on the public chair that he's relaxing in. He will be there quite a while in shirtsleeves, with his jacket over his knees, while I watch the homosexual persistently searching, searching for me. Meanwhile I wasn't there, but in my bedroom window and while I remembered all of this, I saw the executive stand up and leave, forgetting his briefcase. And I didn't know whether to go after him and tell him. My brain moved slowly from one side to the other and while I was trying to decide, he was already returning, smiling, picking up his briefcase. And he carried on, not even knowing that I was in front of the window, or eating dinner in Central Park, seeing/listening to *La Traviata*, by Giuseppe Verdi. However, I see myself lie down on the bed, simply, while I stare at the building constructed of red brick, faded by the erosion of time, and then I wonder whether I crossed the ocean only to be doing this, what I'm doing, looking like an imbecile, watching the hours pass on the clock tower or watching the woman exhibitionist on the third floor completely naked with her head wrapped in a red towel, turban style and brandishing the vacuum cleaner as if it were a broom with which she wanted to squash an elusive rat. It's a job that she does frequently with the large windows wide open. The truth is that at the beginning it surprised me, but after a few days had passed, it became one of my habits. It became a real pleasure seeing her rush from one side of the house to the other with the vacuum ready, like a broom, like a spear, but without the heat and uncomfortable iron breast plate of a suit of armor; her breast plate is her bare skin, naked skin, her small breasts sticking out like tusks and her pubic hair gleaming in the New York summer sun. After her work was done, sweating, perspiring, I would watch her get into the bathtub; watch her soap herself with the foam and fragrant sponge. From below to above, from above to below, stopping, enjoying herself, certain parts of her body; watching her soap herself with the sponge, her perfect breasts, her shaved armpits, her lower abdomen, her buttocks, and all of it was like a film that you could see across from her big windows, from my big window, and later she would get out of the tub and walk to another part of the house and do the usual ceremony of drying her whole body and hair, forcefully rubbing with the red towel while continuously shaking, exhibiting her naked body, maybe excited by music; music I can't hear, that can't reach my room; maybe the music makes her dance, she moves to the rhythm, in front of the mirror, always showing me her divine body while I'm thrown over the bed of the room of the other house that's across the street.

Meanwhile the others, my next-door neighbors, or her next-door neighbors are completely unaware of everything: of this beautiful event, of the improvised movements of the woman with pointed nipples and a shamelessly round butt. A real provocation to your eyes. Oh, the eyes? Where would her eyes be looking now? Perhaps so far away and absent from this story, from this narration, under the sign of chaos.

And nevertheless, below in the street, next to the Japanese restaurant, the hooker will continue, leaning on the sidewalk's fire hydrant, under the tree's shade, like one more object in the urban landscape. And looking there, below, observing the hooker, I will see the woman from the third floor pass by, walking peacefully, proud, arrogantly moving her butt, her entire body.

One more day, and the bright windows of the house across the street will open to my gaze, and they will also open to joyfully observe the space; space that incites and provokes you to jump and then feeling the foretelling wind that accompanies death, if that is what you wish for.

New York / Barcelona
(1995/1996)

THE END

NOTES

1. Tapestry created by Joan Miró and Josep Royo in 1974. Measures 19x36 feet and weighs four tons.

2. Guillermo Cabrera Infante (G. Caín) (1929-). Cuban novelist, short-story writer, essayist. Internationally known for his novels *Tres tristes tigres* (1967; trans. D. Gardner and S.J. Levine, *Three Trapped Tigers*, 1971) *La Habana para un Infante Difunto* (1979; trans. S.J. Levine, *Infante's Inferno*, 1984).

3. Severo Sarduy (1937-1993). Cuban novelist, essayist and poet. His *De donde son los cantantes* (1967; trans. S. J. Levine, *From Cuba with a Song*, 1972) heralded him as a leading novelist. He is also the author of *Cobra* (1973; trans. S.J. Levine, 1975) and *Maitreya* (1978; trans. S.J. Levine, *Maitreya*, 1995). Sarduy's literary experimentations influenced many Latin American writers.

4. A 13th century Jewish Mystic (1240-1291).

5. Ramón Gómez de la Serna (1888-1963). One of the most important figures of the Spanish avant-garde and a prolific writer of essays, novels, and plays. He organized two exhibits of Calder's miniature circus at Madrid's Students' Residency. Calder's circus, perfectly articulated in wire, fascinated the spectators.

Después de New York.
1995

ANTONIO BENEYTO

CÒDOLS EN NEW YORK

Còdols: fragments de roca
dura, més aviat petits, allisats
i arrodonits per l'acció de les
aigües i el rodolament.*

Cantos rodados: fragmentos de
roca dura, más bien pequeños,
alisados y redondos por la
acción de las aguas y el rodar.

Rolling stones: fragments of
hard rocks, usually small,
smoothed and rounded by the
action of flowing water and
their rolling.

* Pompeu Fabra: *Diccionari General de la Llengua Catalana*. Barcelona, 1982.

Edward Hopper y la América de la imaginación

El negro despatarrado y como hinchado o trincado todo su cuerpo en un banco de Park Row, mientras los ejecutivos en mangas de camisa y con la corbata floja y ladeada atraviesan el parque sin ver ni mirar a nadie, a nada, con bolsas de comida insípida y vulgar como ellos mismos:

> *Julia. - Private, elegant, chic sorroundings for executives.*
> *W. Village/Wall St. access.*
> *(212) 645 4995*

Siempre con la ansiedad de tener unos minutos y entonces solicitar por teléfono una chica para que los relaje en un rincón de su despacho a cambio de unos dólares.

Y el larguirucho negro se agarra a los barrotes de la verja de Saint Paul's Chapel, con la tortura de la vida en el rostro desfigurado, el labio inferior cayéndole como un cucharón hasta el inicio de la barbilla, o acaso se alargaba hasta los sucios pies, babeando, al tiempo que extiende como un autómata el vaso de plástico solicitando la ayuda de unas monedas que nadie, nadie deja.

Otra vez, más ejecutivos, en mangas de camisa y con la corbata floja y ladeada, de un lado al otro de Broadway, huyendo como condenados del larguirucho negro, por la Fulton St. camino del World Trade Center y en la 2 darle vueltas a su frágil mente para descubrir qué quiso decir Joan Miró en el *Gran Tapiz* que en la pared de la entrada colgaron como un reclamo y también decir que allí entró el Mediterráneo, tranquilamente, bajo el signo del blues americano.

Recordando, sin recordar, a la puta, también negra, que todos los días veo desde mi ventana hacer su habitual recorrido, desde 11 St. hasta la 12 St., a la puerta del cinema East Village, con su mirada siempre puesta en los conductores que pasan. Y esperando, esperando que alguno le haga una seña y entonces irse con él. Pero, aburrida tal vez, desaparece para medio esconderse entre dos coches aparcados en la 12 St., cerca del restaurante frecuentado por judíos, y seguir al acecho de su contacto, o aguantándose para echar una descarada meada, allí, en plena calle.

En Harlem, en la 138 St., yendo a la comunidad bajo un sol asfixiante de medio día, me tropiezo con la elegante y negra anciana; cabello ya gris, traje llamativamente rojo, sombrero también rojo, con un auténtico y surtido jardín de plumas como delicias, pero esto no me preocupa ni me quita el bochornoso calor, y sigo mi camino hacia la comunidad en donde estaré y conviviré con negros/as elegantes, al tiempo que escucharé cantos espirituales y con ellos la voz de Eunice Newkirk que hará que se me erice el vello por el feeling que me traslada la voz y me hace olvidar por unos instantes que estoy en Harlem; y que en otro tiempo, a la puerta de *Phebe's*, en Bowery, me vendía el negro ciego los canutos de marihuana, ya liados, a un dólar, mientras a la puerta de *The New York Palace* en la 51 St., junto a Madison Avenue, el chófer, también negro, gordo y grandullón, además de conducir la limusina me llevaba a ver *The Frick Collection* al tiempo que me preparaba una bella compañera de raza que me hacía saltar en el asiento trasero de la limusina.

Pero ahora, el gordo grandullón sonríe y conversa con el portero del hotel, que se cubre con chistera y chaqué y deja ver, colgándole del bolsillo del pantalón, los usados guantes blancos, mientras el calor plomizo hace que los alrededores den la sensación de un desierto en el corazón de Manhattan, un desierto a la hora del lunch y en sábado. Y el servicial aceitunado que me encuentro a la entrada del Rockefeller Center me indica muy amablemente que en Ge Building puedo contemplar los murales del artista catalán José María Sert.

Sin embargo, otra vez, ya no es sábado, ni estoy en la 5 Avenue, es domingo y estoy en Harlem, en la comunidad negra en donde *Musical extravaganza* empezó la fiesta/concierto con sus vistosos y elegantes presentadores, pero ya antes deseé, sin conseguirlo, fotografiarme con una bella, bellísima niña negra que andaba por allí como buscando, a la puerta, sin atreverse a entrar, con sus pequeños hijos, tan bellos como ella misma. Y mientras, adentro, en la comunidad, sigue escuchándose la voz de Eunice Newkirk.

Y quizás por todo esto y mil enredos más el narrador considere que los neoyorquinos siguen pensando en Edward Hopper y la América de la imaginación.

Traveling in Washington Park

En el estanque redondo y vacío de Washington Park jóvenes semidesnudos toman el sol mientras leen y observan cómo allí al lado filman una entrevista a un político encorbatado y a una hermosa mujer que deja ver sus ligas cada vez que se inclina para arreglarse el zapato de tacón. Luego, la mujer corre mientras la cámara la sigue y unas manos buscan su trasero respingón que está a punto para cualquier cosa.

Las mesas de ajedrez son invadidas por manos rápidas, ágiles, de hombres negros que escandalosos dan jaque al rey, dan jaque al hombre blanco.

En el carrito de sombrillas de *Poland Spring* la negra con gorro desafía con su belleza al vendedor de coca-cola y se aleja moviendo con arrogancia su irrepetible cuerpo. Qué sonido tan agradable *ver* cómo hace caminar a su cuerpo, con la botella fría de coca-cola entre las manos y la pajita sujeta entre

CÒDOLS IN NEW YORK • 113

los comprometidos y excitantes labios. Qué sonido tan agradable *verla* pasear alrededor del estanque, mientras los personajes semidesnudos se quedan ciegos al contemplarla y notarla una y otra vez a su alrededor.

Y Garibaldi está presente sobre el pedestal. Erigido en bronce patinado de verde, mira por enésima vez todo lo que ocurre alrededor del estanque vacío, mientras espera que pase por delante de él una virgen para desenvainar definitivamente su espada. Y al fondo, o al lado, en un gigante casete suena música monocorde junto a un grupo de negros, que se intercambian un canuto de mano en mano, de boca en boca.

La chica de gafitas de cristales lila se aleja con su sonrisa y las ardillas que en otro tiempo andaban sueltas por la plaza, por los árboles, ahora están ocultas, confundiéndose con las ramas, entre las ramas, jugando, tal vez, con la memoria.

El tiempo deshace las cosas. Sin embargo, los tatuajes de los jóvenes neoyorquinos/as ahí quedarán, en su piel, mientras ésta esté viva, mientras ellos estén vivos, y la memoria se grabará en la nube que está a punto de pasar sobre Washington Park.

Y así hasta que la cámara fue desmontada, lo que aprovecharon las palomas/ratas para refugiarse a la sombra de los árboles y esperar que aparecieran las ardillas y empezaran a hacer dibujos en la memoria del guionista.

No Smoking with Woody Allen

Es lunes y víspera de la conmemoración del día de la Independencia de América. *Michael's Pub*, en la 55 St., seguro que estará lleno de un público predispuesto a deglutir las viandas que las camareras *echarán* sobre las mesas. Mesas casi juntas, sin apenas espacio para las sillas; mesas amontonadas, que a los asistentes al concierto les obstaculizará mover su trasero con holgura, se verán como amarrados, sujetos en sus movimientos mientras esperan impacientes que suban al estrado *New Orleans Funeral y Rágtime Orchestra* con Woody Allen como clarinete.

Michael's Pub, en Manhattan, es una bochornosa dictadura. Nada más atravesar la puerta de entrada ya se da a conocer el primer esbirro haciendo marcar el paso: "De aquí no se mueva —te ordena autoritario— hasta que yo le diga". Y los tímidos o los acostumbrados a obedecer se detienen como auténticos autómatas, como imbéciles. Ni ella ni yo nos detuvimos y a toda prisa recorrimos el pasillo, aun cuando a nuestras espaldas sentíamos el griterío del esbirro principal. Y como si se tratara de una manada de ratas huyendo de las cloacas, el griterío seguía sin acallar, como una estela, como un eco que resonaba al fondo del pasillo, en donde ya nos estaba esperando el esbirro menor para indicarnos el camino a la mesa reservada, y todo ello con aparentes signos de amabilidad. Y en verdad ¡qué gran estafa esta aparente amabilidad!

Y ya a la mesa.
El local va llenándose poco a poco de un público
adicto al jazz o a Woody Allen, quién sabe.
Las mesas están cubiertas, en vez de por man-
teles, por papelitos de todos los colores, entre los
que predomina el rojo. Y los papelitos están im-
presos con consignas de acento reaccionario y dictatorial. Oraciones fanático/religiosas. Prohibiciones: *No Smoking with Woody Allen*. No grabar
ni fotografiar. No hablar ni comer hasta que lo
indique la dirección. No mirar a tu acompañante y
aún menos acariciarlo por debajo de la mesa...
Así hasta una larga y agotadora lista de prohibiciones que deja abrumado al público que llena
el local. Público al que en principio se le verá poco
predispuesto para escuchar música y con apenas
apetito para iniciarse a comer lo que las camareras
sonrientes irán dejando por las mesas: *Prime filet
Mignon W/Mushroon Cap. Caramelized Onions and
potatoes*. Y también sin apenas ganas de sorber un
trago de la *Samuel Adams Lege* y es y era como *Take
the Money and Run*. Toma el dinero y corre o toma la
comida y corre. Qué bruma tan espesa, densa, correr
o *correrse* en un espacio tan reducido. Si al menos
estuviésemos comiendo higos y apaleando tal vez
nos llegaría el orgasmo y gemiríamos como pla-
ñideros, hecho que en Manhattan es un hábito y de
este hábito sabe mucho Woody Allen. Por algo es
aficionado a Charlie Parker y a Groucho Marx, sin
olvidar a Louis Armstrong, que es como decir algo
así que ama, enreda o enristra (o sea que hace ristras

de ajos) con el *bebop*, género de régimen polirrítmico que se introdujo en las *jamsessions* en plena Gran Guerra.

Aún el público no había acabado de echarse el último bocado al estómago, cuando empezaron a subir al estrado *New Orleans Funeral y Ragtime Orchestra* y entre ellos se encuentra también con sus juguetes (clarinetes) Allen Stewart Königsberg, más conocido actualmente por Woody Allen, que creció haciendo muñecas de papel y vistiendo los recortables de Deanna Durbin y emborrachándose a temprana edad de jazz cuando escuchaba un programa de radio dedicado al clarinetista y saxo Sidney Bichet. También en este tiempo Allen Stewart Königsberg andaba siempre rodeado de mujeres, de faldas. Su madre y nada menos que seis tías constantemente acosándole. Pero él aprovechaba estas faldas para hacer juegos de magia tras ellas. Y estos juegos siempre acababan aplaudidos a rabiar. Y entonces, entre truco y truco, aparecía la maldad de niño consentido y preguntaba a sus tías: "¿Dios existe?", y casi a coro ellas respondían: "¡Niño, eso no se pregunta!".

Woody Allen, mientras come una manzana o va a mear al retrete, reflexiona sobre este mundo al recordar que su vecino había muerto hacía sólo unas pocas horas sin llegar a descubrir el verdadero sentido a la vida, y esto a él no le podía ocurrir, porque todos los lunes iba a *Michael's Pub* a hacer música y aunque siempre atolondrado, ridículo y sin pistolas, las pistolas por aquello de los nazis, sube y sube al estrado un lunes y otro lunes con parsimonia y como si este acto fuera un rito (y en verdad un rito es ir a tocar el clarinete a *Michael's Pub*). Y siempre en silencio, cabizbajo casi de puntillas y nada reflexivo. Y acomodado ya en su silla se despoja de la chaqueta con suma discreción al tiempo que olvida que el público lo sigue en cada movimiento, en cada gesto que realiza. Hecho éste que le hace divertirse y recordar cómo aquella estudiante de antropología movía la lengua dentro de su boca cuando la besaba debajo de la ducha. ¡Qué delicia! Y ahora allí, unido, pegado a su Orchestra, haciendo comentarios por lo bajo, a media voz y sin mirar a nadie, y sí mirando la punta de sus zapatos.

Y Woody Allen tímido sobre el estrado y arropado por sus colegas músicos. Siempre con las piernas cruzadas. Una sobre otra. Apoyándose. Siguiendo el ritmo. Golpeando con la punta del zapato en la tarima. Al lado mismo, codo con codo de su colega/amigo Eddy Davis, que tiene entre sus manos el banjo, como si de su amante se tratara. Cuánto cariño el de Eddy Davis por su instrumento. Lo acaricia de arriba/abajo por el largo mango; con qué suavidad se mueven las yemas de sus dedos sobre la tensa membrana, pensando que de ella saldrá, nacerá esa nota precisa, justa, que él busca. Qué proliferación junto al clarinete de Woody Allen y los otros instrumentos de la banda, que detrás de un tema han ido añadiendo otro, olvidando el anterior, borrándolo, arañándolo para que el público

se irrite y al mismo tiempo se entusiasme con ellos.
Con la misma música y así, sin apenas darse cuenta,
olvidar las prohibiciones de *Michael's Pub*. Y también
olvidar el mismo miedo que les infundieron los
esbirros. El miedo desaparece y empiezan a hablar
con normalidad. A sacar su tabaco y a fumar. Y a
grabar, a grabar la música que están *haciendo*. Y
graban en sus diminutas maquinitas y se acarician
sin reparo por debajo de las mesas y se besan con
auténtico descaro. Apasionadamente. ¡Ay! Y gritan
y saltan hasta donde pueden. Y aplauden el
polirritmo que aguanta la banda con habilidad, o
los solos que van alternando sus componentes. Los
músicos se calientan con el ambiente y el público se
inhibe de las absurdas y ridículas prohibiciones y
de la mano de hierro de los esbirros del local, lo que
aprovecha ella, mi amiga, entre la gran algarabía,
para hacer una foto tras otra. Qué adicción, qué
placer siente ella entre sus muslos cada vez que se
levanta de su asiento para fotografiar a la banda, a
Woody Allen. Y a Woody Allen se le ve enorme-
mente emocionado al sentir que el conjunto de su
banda consigue un gran momento de armonía y aún
más se excita al descubrir que la máquina de ella,
de mi amiga, lo fotografía, los fotografía. ¡Qué
dulzura! ¡Qué vulgaridad! ¡Qué orgasmo! Sin embargo, el esbirro que acaba de asomar la cabezota
en el local, tal vez atraído por ese momento de
armonía de la banda, no piensa igual, ya que al darse
cuenta de que una cámara de fotografiar sube y baja
al fondo, al otro lado, él empieza a saltar de mesa

en mesa, de silla en silla, hasta colocarse delante de ella, de mi amiga, y con un gesto duro y agresivo intenta arrebatarle la máquina de fotografiar. Y fue entonces (¡qué escándalo formó el esbirro! ¡qué puñetazo le hubiera soltado!), sí, es aquí cuando estuve a punto de hacer un número de *saloon* a la americana, de hamburguesa con tomate de plástico, de *western* almeriense, ya que pasó por mi mente dar un puntapié a la mesa y arrastrar tras ella al insolente esbirro. Pero sólo me pasó por la mente esta escena cinematográfica; y ahora, cuando escribo, me arrepiento profundamente de no haberla organizado. Tal vez, al día siguiente hubiera salido en las páginas de *The New York Times*.

Sin embargo, el público obvió el incidente y siguió el ritmo de la banda. Y la aplaude, y entre ellos se acarician, y sonríen, mientras algunos de los músicos empiezan a despedirse. Sólo quedan en el estrado Eddy Davis con su banjo entre los brazos y Woody Allen con el clarinete sobre sus rodillas; tienen que cerrar el espectáculo ellos dos solos, allí arriba. Y el dúo empieza a tocar su primer tema, lo que hace que el esbirro se amanse y decida ir a la puerta del club a proteger la limusina de Woody Allen, mientras el clarinete es recibido por un público ya completamente desinhibido y entregado al quehacer de su música, de su músico de *jam-sessions*: Woody Allen.

Y escuchando el arranque del último tema que interpreta el dúo, al narrador de *No Smoking with Woody Allen* se le remueve la memoria y recuerda al *amigo* de otro tiempo, periodista de moda, especializado en analizar la política nacional de su país en la prensa de la capital, en tertulias radiofónicas, en debates televisivos y en los foros de las universidades de verano. Gran vividor y putero él, su *amigo* el periodista solía presumir y repetir frecuentemente entre sus amistades: "A todas las putas les gusta cómo monto". Y es que la memoria siempre juega a no equivocarse: el último tema que están interpretando Eddy Davis y Woody Allen es *All the Whores Like the Way I Ride*.

¡Ay, siempre las coincidencias de la puta vida!

Llueve sobre Manhattan

Ha escampado y la gente vuelve a salir a la calle, menos ella, mi amiga, que se quedó sentada en el banco del parque al tiempo que hablaba y hablaba por teléfono, empapándose hasta el fondo, como a ella le gusta, mientras la niña polaca ríe/llora las gracias del cómico que le muestra la pierna desnuda (como si de una vedette se tratara) y un zapato del 43 español, y luego el otro, y la taza de café, que le hace recordar cuando pidió una ensalada a la camarera de *Le Figaro Café*. Y la niña polaca esperaba más imaginación del cómico, pero el cómico siempre se perdía viendo el ir/venir desde el *Carpo's Café* al *Café Borgia*, pasando por el *Mc Dougal's Café*, para definitivamente quedarse donde él estaba, *Le Figaro Café*, y desde allí no dejar de ver el ir/venir de las

bellas y jóvenes muchachas de todas las razas que
se movían de un lado al otro sintiendo el frescor y
la humedad de la lluvia que había caído recientemente en Greenwich Village, en todo Manhattan,
y él entonces dudaba qué hacer si recogerse para
adentro o irse bailando por Macdougal St. hasta
Washington Square y allí revolcarsé en la hierba y
ver subir/bajar a las ardillas por los árboles
esperando que la noche llegara y lo cubriera
dulcemente, como a un vulgar arácnido, como a una
garrapata.

The Corner Hooker

La puta ya está en la esquina, con el cigarrillo entre
los labios, calentándose al sol de las 8 de la mañana.
Su minifalda roja/naranja/azul rompe el paisaje
urbano como el canto mañanero de un gallo. Su
chaquetilla oro le da calor y se la quita para dejar su
torso al sol y llamar la atención al posible compañero
por un rato. No se mueve de la esquina. Está bor-
deando constantemente un reducido espacio de
terreno. Su territorio. Si ahora apareciera otra puta,
pasaría de largo, sin detenerse, porque la puta de la
esquina es muy posesiva con su paraje. Es violenta
sin remedio cuando alguna colega invade su
espacio, enseguida la sangre le baja a los zancajos,
enloqueciéndola.

Colgada del hombro lleva la chaquetilla oro,
como una auténtica torera. Espera. Ella siempre

espera, no busca como las otras. Mira al cielo claro
de New York. Siente cómo el sol empieza a calentar.
It'll be hot. Sale al paso de peatones (los medios) para
ver si la recoge algún conductor y se la lleva a
Hudson River. Da requiebros a los coches con su
chaquetilla oro. Detrás de un derechazo da otro.
Toda una serie. Redondea, cierra con sus pezones.
Hace un parón. Se refresca, deja que se refresquen.
Levanta el brazo. Bien alto. La chaquetilla oro
doblada en su brazo izquierdo. Sigue en los medios,
en el paso de peatones, y con el brazo en alto mira
descaradamente al conductor de un *Ford* negro que
se ha detenido a su lado. Se intercambian rápidas y
fugaces miradas que no dicen nada. Y éstas quedan
como congeladas en la nevera. El conductor desvía
la mirada; arranca el coche y desaparece por la
avenida.

Ahora, ante la puta de la esquina se detiene un
taxi y ella aprovecha la ocasión para ocuparlo e irse
a otro territorio de Manhattan.

La esquina, sin ella, ha quedado desdibujada,
silenciosa, vacía, solitaria como la zapalota.

Otra vez Harlem

En *Singleton's,* semivacío o casi desnudo de público,
con espejos pintarrajeados de arabescos rojos
(predomina el rojo en todo el local). Comiendo con
ella, mi amiga, *collard green white rice.* El arroz lo

reclamo blanco, y entonces ella me dice que estoy violando o tal vez profanando Harlem. Enfrente de mí, sentada a la mesa, sonríe a su propia opinión. Yo, mientras empiezo a dejar pasar el tiempo: recorro la blanca servilleta de papel con la pluma estilográfica que ella sigue o mejor persigue con sus enormes ojos como una posesa. La comida se retrasa, y mi amiga se remueve en el asiento y mi automatismo también se remueve y sigue trabajando sobre la virginal servilleta de papel. Y sin darme cuenta van apareciendo rostros extraídos del barrio: el vendedor de incienso, la vendedora de las camisetas..., a la que compré una e incomprensiblemente no me la cobró. La muchacha en el teléfono público. Una vez más volviendo a romper la hermosura de la mujer negra al tiempo que su griterío me hacía sentir un orgasmo en plena vía pública con el consiguiente escándalo de mi amiga. Y con las figuras, los rostros que voy dibujando, aparecen o se mezclan las palabras, sin sentido, tan heterodoxas en su escritura que ahora al transcribirlas no dirán lo mismo que cuando las trazaba en la servilleta de papel. He aquí: ¡*Amb mi*, shoe, ay, ay, ay Harlem! ¡Conmigo! ¡Qué bellas las mujeres negras! *With me*, caminar por Harlem es sentir... *Kochanie*, sus dulces (¡uf, qué vocablo!) senos, durmiendo o dormiendo o comiendo con ella, mi amiga, *nie ma*. Cuando todavía no hemos empezado a comer... Y por qué empleo esta forma verbal,

precisamente en el día en que se conmemora la
Independencia de América, 4 de julio de 1995... Y
con el dibujo soezmente agresivo (rostros malignos)
junto al plato vacío de verduras. Sin embargo, ella
aún está dando cuenta de su *chicken livers* (hígado
de pollo). ¡Bah, por qué repito, por qué traduzco,
qué ordinariez!

El camarero, que no es de auténtica raza negra
pues lleva veneno en su piel, como lo lleva ella, mi
amiga, me cambia el plato vacío por el de *bake "Va"
ham*, jamón de Virginia, y entonces recuerdo el jamón canario del *carrer de la Mercè* de Barcelona, que
no tiene nada que ver, como es obvio, con el jamón
serrano que preparan o cuecen en La Roda de La
Mancha: "Primeramente quitarle el rancio por la
cara y limpiarlo en agua fría o caliente, hasta que se
desale. Envuelto en un paño se pone a cocer con
una azumbre de vino y agua (un litro de agua y un
litro de vino, aproximadamente), una zanahoria,
cuatro clavos de especias, seis hojas de laurel, y se
deja enfriar en su mismo caldo".

Y es que el jamón serrano de La Roda de La Mancha, cuando llega su rancia degustación a la memoria olfativa en un rinconcito de Harlem es como
volver a escuchar la banda de Duke Ellington en el
mítico Apollo Theatre, recientemente restaurado,
1992, y entonces la página en donde escribes, que
es blanca, poco a poco con el juego de las palabras,
de la misma tinta negra de la estilográfica, se va

ennegreciendo, se va pareciendo más y más a ella,
mi amiga, a Harlem todo, o a la compañera del
batería de la banda de *Mo'Better* de Amsterdam
Avenue con su cabello rapado y sexualmente
atractiva.

Ahora ya en el olvido los manjares y sintiendo
la atmósfera siempre negra de *Bonita's*, sintiendo el
penetrante perfume de incienso de jazmín que en
uptown, en Harlem, huele diferente, como el silencio
y la tranquilidad (también diferente) que transmite
la pintura célebre de Edward Hopper, *Nighthawks*,
que en mis días neoyorquinos estaba expuesta en el
Whitney Museum of American Art, al igual que ahora,
cuando escribo, veo también expuesta sobre una pila
de libros de arte la férula de descanso del dedo
pulgar de la mano izquierda de mi amante que, de
cuando en cuando, me visita sólo para explicarme
por qué Guillermo Cabrera Infante parodia y hace
humor tan próximo a Severo Sarduy y aprovecha,
cuando tiene tiempo, para viajar a New York y
escuchar blues en *Dan Lynch* de la Second Avenue;
sí, allí, en la vieja taberna donde en otro tiempo
carcomido de mi vida, ya en el más hondo olvido,
el camarero/negro al tiempo que le cobraba la
consumición de la cerveza a ella, mi otra amiga, le
limpiaba la oreja de un lengüetazo entre la penum-
bra del local y el calor siempre amable, pero
pegajoso, denso que allí se respiraba, y que ahora
aún se respira.

Desde New York postal múltiple

1

Me alegraría que estuvieras aquí, conmigo, e iríamos juntos a escuchar música en *Terra Blues* de Bleecker St. y a escuchar la voz de Moe Holmes, cantante negro y telonero en otro tiempo de Jimi Hendrix y Bob Dylan. Toda una auténtica representación.

2

Sin preocuparme de nada me arrastro por mi barrio neoyorquino, *East Village*, presenciando la premier de *Mad Love* entre vistosos travestis y elegantes/correctos homosexuales. Y todo esto desde mi ventana. Sí, todo un mundo.

3

Desde *Le Figaro Café* de Greenwich Village recordaré una vez más a Keith Haring cuando lo vi pintar un mural público en una plaza del Barrio Chino de Barcelona. Haring moría al poco tiempo, pero, sin embargo, aún sigue aquí, entre nosotros, y en esta postal que compré en una vieja tienda de Manhattan.

4

No sé cuándo se restauró el sueño americano, The Statue Liberty. Y desde aquí, desde donde se levanta este famoso símbolo, es por donde ahora camino como un vagabundo de un lado a otro sobre mis sandalias de cuero ibérico, al tiempo que aprovecho para frecuentar iglesias, donde escucho cantos fanáticos y reaccionarios, y prostíbulos de lujo, donde siempre me lo hago con dos mujeres al mismo tiempo.

5

Esta postal que te envío es la imagen fragmentada de esta sorprendente y singular ciudad (¡qué ordinariez decir a estas alturas estas cosas!) que tú tendrás que descubrir cuando la visites. Yo es lo que también estoy intentando: descubrirla. Y en verdad que me resulta muy gratificante y hermoso.

6

Y mientras, por los subterráneos, atravesando sus calles, sintiendo sus fuertes y duros olores, olores que son toda una provocación para cualquier ser viviente.

7

Quizás por esto, algún día, antes de Navidad, subiré a lo más alto de las Torres Gemelas y veré al sol tumbarse sobre Manhattan y entonces recordaré que tengo que comprar un *Levi's* 501 W32, L32 y degustar una hamburguesa.

8

Ya ves, aquí, tan lejos de Valencia, en donde tú
sueñas, mientras me dedico a descubrir olores
semejantes a los que sé que tú también percibes ahí
(patatas al horno con ajos, pimiento colorado,
hierbas...). Y más tarde, para bajar la comida a los
pies, tendré que pasear por las calles, las avenidas,
y entonces volveré a encontrar, otros olores
diferentes que tal vez habría sentido también en
Valencia, donde tú, aún, ahora, sigues soñando en
tus cosas, recogida en el cuarto de estar.

9

Siempre enredado entre los telares que forman esta
ciudad, no pararé de perseguir los diferentes olores
o, mejor aún, no me detendré un minuto en mi
carrera insistente y los buscaré, buscaré por si en
algún rincón encuentro ese olor tuyo que un día
percibí al inicio de tu espigado cuello... Mira, para
soñar, ya entrada la noche, escucho blues, mientras
escribo estas torpes líneas. ¡Qué borrachera!

10

Sí, qué borrachera. Y emborrachándome estoy en
los espejos de los rascacielos. Mientras, mi mirada,
mis piernas vuelan de un lado a otro, bebiendo
descaradamente, como un auténtico puto, la
atmósfera que me rodea porque aquí (escribo desde

el *Caffè Reggio*), en Greenwich Village, todo puede
suceder. Como en Barcelona, París, Kraków... Sin
embargo, esta etapa de mi vida la asumo con suma
tranquilidad y en silencio, al tiempo que inter-
cambio en estos días confidentes miradas con
pasajeros vagabundos y hermosas mujeres negras.

11

Pero no es sólo saltar, bailar, gritar y comerse con
júbilo, con viva alegría y con los ojos todo lo que se
desparrama por las calles. Es también ver una
negritud que ríe y al mismo tiempo sufre y sufre. Y
estos sentimientos no son obstáculo para que la
mirada del narrador se encuentre con una sorprendente mujer que se permite provocar con sus
pezones erectos a una nube que en aquel momento
se balancea dulcemente sobre los tejados. Cuánta
dicha por los ángulos y recodos de estas angostas
callejuelas.

12

Allí, en el Ensanche de Barcelona, el poeta de
cabellos azules y rostro imberbe que en otro tiempo
fue el mandado de prodigar y difundir los *Poemas
Podridos* y los sueños del poeta/pintor colombiano
Mario Lafont, ahora, en estos días, espera su encargo
intranquilo e impaciente.

Y yo, desde *Books and Co.* de Madison Avenue,
pasando por *Bretano's* de la 5 Avenue, hasta la

increíble librería de lance *Strand* de Broadway,
busqué y busqué sin encontrar *The Lovers* de Leslie
Stevens, busqué a Abulafia y verdaderamente esto
no fue óbice para que yo siguiera comiéndome la
ciudad y la Statue, bocadito a bocadito, sin ajo y sin
perejil.

13

El tiempo, los días vuelan y yo también vuelo por
Central Park para contemplar mejor todo el bloque
de espejeantes rascacielos que lo circundan, que me
circundan, como una tela de araña salvaje que viene
provocándome desde mi llegada a esta isla feroz y
contradictoriamente mágica.

14

Donde Andy Warhol se desnudaba, se hacía el
difunto en una estación del subway, y aprovechaba
para defecar. Y todo ello ocurría precisamente aquí,
en el barrio en donde vivo en estos intensos días,
mientras la memoria me traslada a un pasado lunes
del mes de junio de 1962 y también al *New York
Mirror* que informa en su primera página de la
muerte de 129 personas en accidente de avión, y en
verdad que todo esto a Andy Warhol le debía de
dar por el culo cuando a él entonces lo que le
fascinaba era el juego a simular su propia muerte.

Ahora, sin apenas darme cuenta, advierto el
deslumbrador destello de las ventanas de la casa

de enfrente clavado sobre mi cama y a la sombra de
Andy Warhol que se desliza y me observa con descaro desde la terraza.

15

Y es que al sol, al buen tiempo de New York, siempre
habrá una *ballena* que paseará por Madison Avenue
o por Coney Island. También siempre se verá pasear a la sombra de
Andy Warhol por las terrazas de East Village, al
tiempo que se podrá escuchar al fondo del luminoso
paisaje urbano la voz de Billie Holiday saliendo de
un viejo gramófono.

Picnic

Desde la base, mirando hacia arriba, como un loco
vagabundo o tal vez como un imbécil a quien el
pegajoso calor entorpece y le hace pensar en la 5
Avenue, en el 224, donde se puede leer un rótulo
que dice: "Al por mayor solamente se habla
español", o allí cerca, detrás del Empire State, en la
6 Avenue, en el modesto restaurante *Pizzas y Pasta*,
donde se autosirven las dos ancianas negras. Y a la
mesa (sujeta, claveteada en las baldosas, al igual
que las sillas), tranquilamente comen su comida en
bandejas de plástico. Y se limpian con servilletas
de papel blanco, al tiempo que dialogan sólo con la
mirada, hasta el momento en que pide permiso para

sentarse en la silla desocupada la mujer gorda (de lentes de miope profunda) que llega acompañada con una gran pizza en la que abunda el queso, y que, al mordisquearla, el queso se estira como un chicle o como un condón al colocarlo, ajustarlo, al erecto pene, y entonces la mujer gorda empieza su fiesta personal (tragando), mientras las ancianas negras hablan ahora casi entre dientes, susurrando las palabras. Y la gente entra y sale del restaurante con las bolsas de papel llenas. Las jóvenes secretarias moviendo sus faldas ajustadas al culo. Ellos, los ejecutivos, como siempre, en mangas de camisa y con la corbata floja y ladeada, pensando sin pensar en la mesa de trabajo. Y todo ello es un tumulto de gente destacando por su carnaza, carnaza que les cuelga de los mofletes, de los antebrazos, de las caderas; y éstas, las caderas, sólo existen en su propia imaginación, ya que su adiposis les cuelga también del trasero con el cual tienen sus dificultades en el momento de asentarlo, acoplarlo en algún lugar. ¡Cómo caminan estos feos pringosos/as de New York, de la 6 Avenue, de Bowery, de Hamlet, de cualquier rincón de Manhattan! ¡Cómo caminan!

Todo el mundo va comiendo o bebiendo por las calles. Y es que el picnic no es una ficción en New York, es sin lugar a dudas y ante todo una gran fiesta, una auténtica realidad.

El MoMa

Llueve y un negro vende paraguas a la puerta del Museo. La tímida japonesa que se sienta a mi lado en el vestíbulo no sabe qué quiere decir *llueve*. Tengo que hacerle un dibujo para que ella tras una velada sonrisa diga: –¡*Ah, yes, it's raining!* Dos empleados hispanos desenrollan y extienden grandes alfombras para proteger y concentrar el chorreo de los paraguas y de los zapatos/sandalias empapados por el agua de la lluvia y que torpemente arrastran por el vestíbulo los gordos/as, descamisados/as turistas americanos. Y las alfombras realizan el prodigio de absorber el agua de la lluvia y con esta habilidad (¡qué instalación para admirar como prólogo a la visita del Museo!) impedir que nazca una charca sin ranas en pleno vestíbulo, en donde cada instante que transcurre se reúne y concentra más y más público, dando la sensación como de bloques humanos/escultóricos en los que el objetivo visual predominante son las tetas que cuelgan como pingajos hasta el mismo ombligo. Y esto, en verdad, impide acercarse a las tres únicas obras que se exhiben en el vestíbulo, quedan desdibujadas, ocultas entre las tetas y los culos, las pinturas de Lichtenstein, 1974, Rosenquist, 1989, y Milton Avery, 1958. Sin embargo, yo sí pude contemplarlas porque desde que deambulo por New York soy una *ant* y enganchado por la pared subo hasta el mismo techo y desde allí, cuántas desproporcionadas cosas anduve viendo: desde el deformado folleto informativo que facilita el MoMa para dar la bienvenida a sus visitantes y por él saber que en el otoño de 1929, sólo 10 días después del hundimiento de la bolsa de New York, el MoMa abría su primera exposición con obras de 4 pintores postimpresionistas, entonces apenas conocidos en los Estados Unidos: Cézanne, Gauguin, Seurat y Van Gogh. Y también veía, pero al revés, el *collage*, lápiz, tinta, acuarela de Max Ernst con el título *The Hat Makes the Man*. Los sombreros, en vez de sombreros, parecían orinales o tubos por donde se desliza la lluvia o los excrementos malolientes. Y haciendo equilibrios un judío, vestido de arriba abajo de negro, se protege de la lluvia con un sombrero forrado, provisionalmente, con una bolsa de plástico en donde se ve deformada la desnudez de una bella mujer que anuncia *Obsession* de Calvin Klein, y él, el judío, sin enterarse, tal vez porque no se lo permiten los largos tirabuzones, o porque recuerda el clarinete de Woody Allen, o le da placer que no lejos de donde él camina, en St. Patrick's Cathedral, riadas de turistas se muevan en silencio agitando sus monumentales culos entre el olor a cera y los ronquidos de algún que otro americano que se quedó dormido mientras oraba o pensaba en Dios, o cuando meaba en el lavabo del Motel. En la última fila de bancos, donde hay un montoncito de sobrecitos *(My Gift To St. Patrick's Cathedral)*, un joven de sorprendentes y joviales lentes y con un cuerpo que ocupa casi todo el banco (andará su peso por los 150 kilogramos) duerme con su ronquido silbante. Alguien lo toca suavemente y el silbido cede. Más adelante, en otra fila, un negro también duerme sobre su oronda barriga, y ya en las primeras filas, percibiendo al Santísimo, un hombre grandote, con la cabeza inclinada contra el respaldo del banco, duerme plácidamente con la boca abierta y hace que los turistas rían al pasar a su lado. Y uno de ellos, uno de los turistas, realiza un gesto, sólo el gesto, de colocarle una vela encendida en la boca abierta, tal vez para que el santo, St. Patrick's, lo recuerde y le ayude a ser más pequeño y no tan grandullón y despreocupado. ¡Mira que dormise en la Cathedral! Donde debía haberse dormido era cuando estuvo en Trump Tower, en la 5 Avenue, en el 725, para los obsesos en dormir en lugares de mal gusto, o dormirse de placer al contemplar las esculturas de Karl Schwartz en los escaparates de Tiffany and Co., donde la sobriedad y la exquisitez recuerdan el circo que en otro tiempo se supo montar mágicamente Calder. Si Ramón aún viviera y estuviera aquí, en la 5 Avenue, se hubiera encaramado de nuevo al trapecio del circo y repetido su célebre conferencia, al tiempo que haría aguas sobre la entreabierta boca del gordo blanco americano que ahora duerme y duerme en la Cathedral y no se sabe ciertamente si accedió a tal situación porque el narrador así lo desea o porque tomó un tazón de adormidera para combatir el insomnio. Todo un performance: el MoMa.

La casa de enfrente

Desde la casa en donde vivo en la Second Avenue, desde el último piso, y desde la ventana de mi habitación contemplo la casa de enfrente. La casa dispone de cinco plantas, los bajos y el terrado. La edificación hace esquina con la 11 St.; los bajos de esta esquina están ocupados por un restaurante japonés. Cruzando la calle se levanta un frondoso jardín, rodeado por una verja de hierro, y en él está St. Marks Church, iglesia que fue construida en 1795 y consagrada al culto en el mes de mayo de 1799. En mis días por la zona siempre la encontré cerrada. Sin embargo, el jardín era ocupado por los chulos de las putas que merodeaban por los alrededores. Por allí se había corrido la voz que algunas putas hacían su trabajo en el mismo subterráneo de St. Marks Church. La iglesia no era polaca, como en un principio me dijo ella, mi amiga, pero en su torre había un grandioso y sonoro reloj público que me servía para saber la hora por el día, porque por la noche mi reloj de pulsera, o mejor sería decir mi reloj de torre, era el luminoso reloj de Con Edison, la compañía de electricidad de New York. Esta torre o rascacielos está situado al otro lado de la casa de enfrente, o sea hacia el norte de Manhattan, por donde está el Cinema de la Second Avenue, Cinema que en otro tiempo fue una sinagoga judía y tal vez por esto hayan abierto un restaurante judío en la esquina de la 12 St., *The Kosher Tea Room*, frecuentado esencialmente por judíos. O sea que *mi*

casa de enfrente ha estado presionada en el tiempo
por dos signos poderosos de este universo terrestre,
por un lado el católico y por el otro el judío. Quizá
por este motivo me quedaba horas y horas con-
templándola. Por el día y por la noche. Cuando
estaba falto de sueño me sentaba delante del
ventanal y allí veía entrar constantemente gente en
la pastelería *Taylo's*, o a comprar el periódico en la
tienda de al lado, o a arreglarse los cabellos en la
peluquería unisex. Y también veía por las noches a
los jóvenes tomando copas y conversando a gritos
sentados en la terracita del *Bar/Café Orsons*. A veces
desviaba la mirada hacia la derecha, o sea hacia el
norte, y me encontraba con la esquina de la 12 St. y
el restaurante judío: y aquí y ahora detengo mi
mirada recordando una noche de vigilia en la que
estuve observando a un hombre que tenía una
cabeza maciza (era su cabeza una rueda de molino
o una calabaza sin arrugas, donde las orugas luego
se hacían mariposas e invadían la zona por el olor a
orujo); y una calva que no se sabía con certeza dónde
acababa, pues el cráneo se prolongaba en una sola
pieza hasta el cuello y de allí hasta los hombros.
Una cabeza que recordaba, me recordaba, a un león
marino que, esa noche mía de estar en vela, él, el
hombre, hablaba o discutía con una muchacha de
cabellos rubios, estirada de cuerpo, alargada como
una espiga. Y apoyados en la esquina estuvieron
horas, tramando qué, discutiendo qué, la forma o
el momento de horadar con el pene su vagina, o
con disimulo (aún se veía algún trasnochador)

hundir su dedo suavemente en la vulva perfilada con toda claridad para sentir el sabor de miel de la madrugada. Yo en aquella pasada noche de vigilia hubo un momento en que perdí la falta del sueño y entonces decidí irme sin remedio a la cama sintiendo en mi cuerpo la abstinencia de la carne. La casa de enfrente me estaba enviando sus reflejos, aun cuando sus habitantes dormían. ¿En verdad dormían? Y me quedé dormido sobre mi cama, sin remedio. Pero al día siguiente, al despertarme y con la casa de enfrente iluminada por el sol, repasé mi último sueño, con sosiego. Y mi recuerdo fue que yo estaba en una esquina de una calle de una ciudad desconocida, con una hermosa mujer y haciendo (sin hacer) el amor, mientras los transeúntes paseaban, sin inmutarse; y también recuerdo que en el momento culminante me retiraba y eyaculaba en solitario. Luego me acurrucaba junto a ella y entonces, así abrazados, pensaba que un día moriría de un ataque al corazón, vestido elegantemente con una camisa blanca de *Donna Karan*.

El ejecutivo (los ejecutivos en Manhattan crecen como setas) había ido el día anterior a ver el musical de *Kiss of the Spider Woman* en *Broadhurst Theatre* basado en la novela del argentino Manuel Puig. Y ahora tomaba el sol en *Bryant Park* con su gran cartera recostada en la silla pública en la que se acomodó. Allí estaría un largo rato en mangas de camisa, con la chaqueta sobre las rodillas, mientras veía al homosexual buscando, buscándome constante e insistentemente con la mirada, mientras yo no estaba allí, sino en la ventana de mi habitación y mientras evocaba todo esto y veía al ejecutivo ponerse en pie e irse olvidando su gran cartera. Y yo no sabía si ir tras él y decírselo, pero mi cerebro iba lento de un lado a otro y cuando estaba en ello, él ya volvía, sonriente, a recoger su cartera. Y seguía aún sin saber si yo estaba delante de la ventana, o cenando en Central Park, viendo/escuchando *La Traviata* de Giuseppe Verdi. Sin embargo, me *veo* tumbado en la cama, simplemente, mientras contemplo el edificio construido con ladrillo rojo, descolorido por la erosión del tiempo, y entonces pienso si atravesé el océano sólo para estar haciendo lo que estoy haciendo, para estar viendo como un imbécil la hora en las torres o a la mujer exhibicionista del tercero completamente desnuda con la cabeza envuelta en la toalla roja a modo de turbante y esgrimiendo la aspiradora como si fuera una escoba con la que quisiera aplastar a un ratón escurridizo. Es un trabajo que viene haciendo con cierta frecuencia y con los ventanales abiertos de par en par. La verdad es que al principio me sorprendió, pero según fueron pasando los días y convirtiéndose en un hábito, resultó ser una auténtica delicia verla trajinar de un lado al otro de la casa con la aspiradora en ristre, como una escoba, como una lanza, pero libre del caluroso y molesto peto de hierro fundido de la armadura; su peto es su piel al desnudo, sus pequeños senos sobresaliendo como colmillos y su vello púbico reluciente al sol del verano neoyorquino. Y luego del trabajo,

de los sudores, verla entrar en la bañera; también
verla enjabonarse con la espumosa y olorosa
esponja. De abajo arriba, de arriba abajo, dete-
niéndose, recreándose en determinadas partes de
su cuerpo; verla enjabonarse con la esponja, sus
senos de museo, sus axilas afeitadas, su bajo vientre,
sus nalgas, y todo ello era como un filme que se
veía a través de su ventanal, de mi ventanal, y luego
salir de la bañera y pasar al otro lado del espacio de
la casa y hacer la repetida ceremonia de secarse todo
el cuerpo y el cabello frotando con fuerza con la
toalla roja, mientras no deja de moverse, de exhibir
su cuerpo desnudo tal vez excitada por la música,
música que no llega, no puede llegar a mi
habitación, pero ella tal vez estimulada baila, se
mueve al ritmo, delante del espejo, mostrando
siempre su divino cuerpo, a mí que estoy echado
en la cama de la habitación de la otra casa, de la
que está enfrente. Y los otros, los vecinos lindantes
a mí, o los que lindan con ella, completamente ajenos
a todo: al hermoso suceso, a los improvisados
momentos de la mujer de pezones puntiagudos y
de trasero descaradamente respingón. Toda una
provocación a la mirada. ¡Ay, la mirada! Dónde
estará su mirada, la de ella; quizás tan lejana y hasta
ausente de esta historia, de esta narración bajo el
signo del caos.

Y sin embargo, abajo, en la calle, junto al
restaurante japonés, seguirá la puta, apoyada sobre
la boca de riego de la acera, a la sombra del árbol,
como un objeto más del paisaje urbano. Y estando

con la mirada allí, abajo, observando a la puta, veré pasar a la mujer del tercero, caminando tranquila, orgullosa, moviendo con arrogancia su trasero, todo su cuerpo.

Un día más, y las ventanas luminosas de la casa de enfrente se abrirán a mi mirada, y también se abrirán para contemplar alegremente el espacio, espacio que incita y provoca a dar el salto y entonces sentir al viento previo que acompaña a la muerte, si uno así lo está deseando.

New York/Barcelona
(1995/1996)

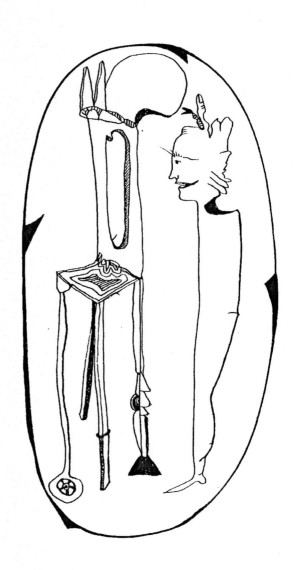

About the Author

Antonio Beneyto was born in La Mancha, (Albacete), Spain, and since 1967 has lived in Barcelona. He was a pioneer-editor in Spain, founding the independent avant-garde publishing house La Esquina in Barcelona in 1968. His literary activity is diverse, including many genres such as travel books, novels, short stories, anthologies and essays. Among his books are *Una gaviota en La Mancha* (A Seagull in La Mancha, 1966), *La habitación* (The Room, 1966), *Los chicos salvajes* (The Wild Kids, 1971), *Algunos niños, empleos y desempleos de Alcebate* (Some Children, Occupations and Pastimes of Alcebate, 1974), *Textos para leer dentro de un espejo morado* (Texts to be Read Inside a Purple Mirror, 1975), *Narraciones de lo real y fantástico* (Narrations of the Real and the Fantastic, 1971-1977), *El subordinado* (The Subordinate, 1981), *Cartas apócrifas (y otros cuentos)* (Apocryphal Letters and Other Short Stories, 1994), *Eneri, desdoblándose* (Eneri, Unfolding Herself, 1998), *Tiempo de Quimera* (Time of Chimera, 2001), and *El otro viaje* (The Other Journey, 2003).

Since 1968 Beneyto also dedicates his creative activity to painting. His paintings, drawings and sculptures are part of many important collections and museums in Spain, Switzerland, Germany, England, Belgium, the United States, France, Poland, Italy, and Portugal.

About the Translators

Stacy McKenna received her MFA in English and Creative Writing from Mills College and currently teaches English at College of Alameda. She is a fiction writer, literary translator, and has previously worked collaboratively with Carlota Caulfield on short stories by Cuban women writers.

Carlota Caulfield is the author of *34th Street and other poems* (1987), *Book of XXXIX steps, a poetry game of discovery and imagination. Hyperpoems for the Macintosh* (CD-ROM, 1999), and *At the Paper Gates with Burning Desire* (2001).

She received her B.A. in History from the University of Havana, her M.A. in Spanish from San Francisco State University, and her Ph.D. in Spanish and Portuguese from Tulane University. Her work includes numerous articles on Latin American and Spanish literature. She has published *Literary and Cultural Journeys: Selected Letters to Arturo Torres-Rioseco* (1995), *Web of Memories. Interviews with Five Cuban Poets* (1997), and *Voces viajeras. Poetisas cubanas de hoy* (2002). She is Associate Professor of Hispanic Studies, at Mills College.

Caulfield is the editor of *CORNER*, http://www.cornermag.org, a journal dedicated to the avant-garde. Among her published translations are *Frammenti/Fragments*, poems by Luigi

Minghetti (1997), *Bridget* by Jack Foley (1997), and (with Angela McEwan) *From the Forbidden Garden. Letters from Alejandra Pizarnik to Antonio Beneyto* (Bucknell University Press, 2003). Other translations have appeared in *Palabra Visual* (Mexico) and *AErea* (Chile).

Corner is a collection of InteliBooks
dedicated to the Spanish and
Latin American avant-garde.
General Editor, Carlota Caulfield.

Forthcoming:

*The Other Poetry of Barcelona.
Contemporary Women Poets,*
edited by Carlota Caulfield
and Jaime D. Parra.

*Avant-Garde Hispanic
Women Artists and Writers,*
edited by Carlota Caulfield.

Visit *Corner*, an on-line journal
dedicated to the avant-garde,
at www.cornermag.org.

Printed in the United States
15750LVS00001B/247-255

9 780971 139176